AF257804

L7
k
1797
V

NOTICE

HISTORIQUE ET DESCRIPTIVE

DU

CHÂTEAU DE CHAMBORD

ET DE SES DÉPENDANCES.

DE L'IMPRIMERIE DE I. JACOB, VERSAILLES.

NOTICE

HISTORIQUE ET DESCRIPTIVE

DU

CHÂTEAU DE CHAMBORD

ET DE SES DÉPENDANCES,

DEPUIS SA CONSTRUCTION JUSQU'A L'ÉPOQUE DE SA DESTINATION A S. A. R. Mgr LE DUC DE BORDEAUX ;

Contenant, en outre, les Noms et Qualités de MM. les Membres composant la Commission générale chargée de l'acquisition de ce Domaine royal en faveur de S. A. R. ; un Extrait du Réglement, et de l'Appel aux Français faits par cette Commission, etc., etc. ;

PAR M. A. P. M. GILBERT.

On n'approchait de sa retraite de Chambord, qu'avec ce respect qu'inspire le séjour des héros.

THOMAS. *Éloge de MAURICE, comte de Saxe.*

PARIS,

CHEZ B. MONDOR, DIRECTEUR DES ANNALES FRANÇAISES, RUE MESLÉE, N.º 52 ;

ET CHEZ LES LIBRAIRES ET MARCHANDS DE NOUVEAUTÉS.

MAI 1821.

NOTICE

HISTORIQUE ET DESCRIPTIVE

DU

CHATEAU DE CHAMBORD,

Par A. P. M. GILBERT.

L'on ne saurait se dissimuler que le siècle de Louis XIV, si fécond en hommes de génie et en talens supérieurs dans tous les genres, influa singulièrement sur l'opinion en faveur des arts. Séduits par l'éclat et le faste qu'ils étalèrent sous le règne de ce prince, la plupart des écrivains méconnurent et oublièrent assez inconsidérément les chefs-d'œuvre qu'ils enfantèrent dans le seizième siècle, pour vanter préférablement les productions moins estimées des dix-septième et des dix-huitième siècles. C'est à cette indifférence pour l'histoire de l'art, dans le seizième siècle, que l'on doit attribuer l'ignorance où nous sommes sur la vie du célèbre Jean Goujon, le *Phydias* de la sculpture française.

Soit que le génie voulut être indépendant, soit que l'on eut perdu les traditions répandues et propagées par les artistes italiens appelés en France par François I.er, il est certain que l'école de Louis XIV est une institution qui se forma d'elle-même, sans aucune filiation directe. François I.er, auquel les arts durent leur restauration, ne créa aucun établissement pour conserver le feu sacré qui devait éclairer les âges futurs. Après la mort des artistes qui illustrèrent son règne et celui de Henri II, tout retomba dans une sorte de décadence que les guerres civiles et religieuses, qui désolèrent la France sous les règnes suivans, hâtèrent encore davantage.

Les beaux-arts, que François I.er fit refleurir en France avec tant d'éclat, prirent la physionomie et les sentimens de la cour chevaleresque de ce prince; interprètes fidèles, ils les reproduisirent avec charme dans leurs productions, qui respirent la noblesse, la grâce et la galanterie. Ce fut assurément une noble passion que celle d'employer les loisirs de la paix à multiplier les monumens qui devaient marquer l'époque mémorable de la renaissance des arts, et de procurer aux artistes de fréquentes occasions d'exercer leurs talens. Ce monarque fit reconstruire, à lui seul, dix ou douze châteaux élevés par Saint-Louis ou ses contemporains (1); et ces châteaux étaient, la plupart, des chefs-d'œuvre de l'art.

A l'exemple du Roi, les autres grands feudataires firent, dans ce temps, d'énormes sacrifices pour rajeunir leurs vieux manoirs. C'est sous ce règne et le suivant que nos campagnes se couvrirent de cette multitude de beaux édifices qui se faisaient distinguer par le caractère de leur architecture, aussi bien que par la richesse et l'élégance de leurs ornemens, et dont les ruines attestèrent, jusqu'au dernier moment, l'orgueil de la monarchie française. Depuis on avait eu lieu d'espérer, sous l'influence de l'utile institution des majorats, de voir se relever ceux de ces monumens que la révolution, ennemie des grandes propriétés, n'avait pas entièrement détruits : d'autres pensées ont prévalu.

L'un des monumens les plus imposans qui furent construits à cette époque, et dont le nom se lie aux plus brillans souvenirs, c'est le magnifique château de *Chambord*, situé dans le département de Loir et Cher, à quatre lieues de Blois et à une demi-lieue de la Loire, dans un fond arrosé par la rivière du Cosson.

Dès l'an 1190, les comtes de Blois avaient une maison de plaisance et de rendez-vous de chasse à Chambord, et l'on voit même des actes qui y furent

---

(1) Les châteaux de Fontainebleau, de Saint-Germain, du Louvre, de Folembray, de la Muette, de Coucy, de Blois, de Villers-Cotterets, de Challuau, de Madrid et de Chambord.

passés quelque temps auparavant (1). François I.er, à son retour d'Espagne, en 1526, fit démolir l'ancien château, pour faire élever celui qui existe aujourd'hui. Ce prince employa, dit-on, dix-huit cents ouvriers à sa construction pendant l'espace de plus de douze ans. On croit que le château fût élevé sur les dessins du Primatice, célèbre peintre et architecte, contemporain de Michel - Ange; mais cette assertion ne paraît pas admissible, si l'on considère le style de ce monument, qui indique le passage du goût gothique à celui de la renaissance des arts : or, le Primatice, l'un des régénérateurs de l'architecture en France, était trop pénétré des beautés de l'art, pour y admettre les formes semi-gothiques ; il paraîtrait plus vraisemblable d'en appeler à la tradition du pays, qui dit que ce fut un architecte de Blois qui donna les dessins de ce château et en dirigea lui-même la construction. François I.er y reçut Charles-Quint, lors de son passage en France, en 1539. Ce prince admira la beauté et l'étendue de ce palais, et le considéra *comme un abrégé de ce que peut effectuer l'industrie humaine* (2).

François I.er y avait rassemblé quelques ouvrages de Léonard de Vinci, et fait commencer, d'après ses dessins, plusieurs fresques qui furent terminées long-temps après, par Jean Cousin. On voit encore, dans

---

(1) BERNIER. *Histoire de Blois,* 1682, pag. 82 et suiv.

(2) DAVITY. *Description générale de l'Europe,* etc. Edit. de 1660, tom. II, pag. 394.

diverses parties du château, quelques fragmens de ces peintures aujourd'hui perdues pour nous. On y remarque particulièrement les restes de plusieurs portraits des savans Grecs qui vinrent en Italie après la prise de Constantinople.

Après la mort de François I.er, Henri II, son fils, fit continuer les bâtimens de ce château, qui ne fut achevé que par Louis XIV, mais sur un dessin différent du premier projet. Ce monarque y dépensa 2,451,403 livres. Il fut successivement habité par François I.er, Henri II, Charles IX, Henri III, Louis XIV et le Régent, qui y vinrent souvent pour y jouir des plaisirs de la chasse. Ce fut à Chambord que se fit, en 1551, entre Henri II et les Princes allemands, le traité relatif à la défense de la liberté germanique vivement opprimée par le despotisme de Charles-Quint.

C'est dans une des salles de ce château, que Molière fit représenter, en 1669 et 1670, *Pourceaugnac* et le *Bourgeois gentilhomme*, devant Louis XIV et toute sa cour; ce ne fut qu'après la construction de Versailles, et lorsque ce prince y eut fixé sa résidence habituelle, que Chambord cessa d'être honoré du séjour de nos Rois, mais n'en continua pas moins à servir de résidence à plusieurs princes. Le duc d'Orléans, frère de Louis XIII, en avait fait sa maison de plaisance. En 1725, il devint l'asile de l'infortuné roi de Pologne, Stanislas Leczinski. Ces deux princes y firent des embellissemens assez considérables. Chambord fut depuis la noble récompense des talens et des exploits militaires. Louis XV voulant reconnaître d'une manière digne de lui les services éclatans du maréchal de Saxe, lui en fit présent en 1748 ; le vainqueur de Fontenoy y vécut avec tout l'éclat qu'attiraient sur lui sa naissance, sa réputation et sa fortune. Le maréchal fit bâtir des casernes pour son régiment composé de dragons et de hullans, jeta des chevaux sauvages dans les bois, retint et éleva les eaux du Cosson, afin de pouvoir naviguer avec de grosses barques sur cette rivière.

La comédie et l'opéra embellis par les talens et les grâces de M.me Favart, le concours des personnes les plus distinguées de la France par leur naissance et leur esprit, tout se réunissait pour faire de Chambord un lieu de délices, lorsque le maréchal de Saxe mourut le 30 novembre 1750. Ce grand prince dit en mourant, à son médecin : *M. de Sénac, la vie n'est qu'un songe, le mien a été beau, mais il est court* (1).

Chambord n'a pas recouvré depuis cette époque son ancienne splendeur. Le duc de Polignac l'obtint de Louis XVI, en 1777, il y établit un haras considérable et y fit construire des appartemens à la moderne. M. de Polignac, qui en fut gouverneur jusqu'à l'époque

---

(1) Le maréchal de Saxe vécut et mourut dans la religion luthérienne. *Il est bien fâcheux*, dit la Reine (épouse de Louis XV), en apprenant sa mort, *qu'on ne puisse pas dire un DE PROFUNDIS pour un homme qui a fait chanter tant de TE DEUM !* D'ESPAGNAC, *Histoire de Maurice, comte de Saxe*, in-4.º, tom. II, pag. 490.

de la révolution, n'a laissé dans la contrée que le souvenir du bien qu'il y faisait. Mais tout fut indignement dévasté, lors de son émigration ; et les détériorations, produites par la main du temps et par l'insouciance, se sont accrues d'une manière affligeante (1).

Chambord, qui faisait autrefois partie du Domaine de la Couronne, fut réuni au Domaine national, en 1791. Lors de l'institution de la Légion-d'Honneur, il devint le chef-lieu de la quinzième cohorte, et fut compris dans les biens affectés à sa dotation, aux termes des deux arrêtés des consuls, des 13 et 23 messidor an 10. Le maréchal Augereau, commandant de cette cohorte, vint prendre possession du château. La Légion-d'Honneur fit faire les réparations les plus urgentes, curer et redresser la rivière du Cosson dans toute la partie de son cours qui traverse le parc ; et toutes les dispositions étaient prises pour y établir une seconde maison d'éducation pour les filles des membres de la Légion-d'Honneur, à l'instar de la Maison royale de Saint-Denis, lorsqu'en exécution d'un décret du 28 février 1809, le Domaine de Chambord, ainsi que l'Étang de Montperché qui en a toujours fait partie, quoique situé hors de l'enceinte des murs, furent cédés, par la Légion-d'Honneur, au domaine extraordinaire, le 25 mars 1810, et le prix de cette cession, employé en acquisitions de rentes au profit de la Légion. En

____

(1) PETITAIN. *Annuaire du département de Loir et Cher, pour l'an 1806, etc.*, pag. 36 et 37.

vertu de deux décrets des 15 août et 29 décembre 1809, Chambord redevint une seconde fois la récompense de la valeur et des grands services rendus à l'Etat, Napoléon le donna au maréchal Berthier, prince de Wagram, alors prince souverain de Neuchâtel. Un revenu de 600,000 francs, en biens fonds dans les pays conquis et sur la navigation du Rhin, fut attaché à ce domaine devenu le siège de la principauté de Wagram, à la charge expresse que le château serait entièrement restauré dans l'espace de cinq ans, et rétabli tel qu'il était autrefois. Cette condition, qui tendait évidemment à rendre à ce domaine son ancienne splendeur, ne put recevoir son exécution à cause des événemens de 1814, qui privèrent le maréchal Berthier des biens dont le revenu était destiné au rétablissement de Chambord, et à soutenir la représentation que devait nécessairement avoir le possesseur de cette habitation royale.

Elle a été depuis possédée par le jeune prince de Wagram, comme titulaire des majorats dépendans de la succession du prince son père. Dans cet état de choses, S. A. Madame la princesse de Wagram, autorisée par le conseil de famille du prince son fils, sollicita et obtint, en vertu d'une ordonnance du Roi, du 19 août 1819, l'autorisation de vendre cette immense propriété pour en employer le prix ensuite en achat de rentes sur l'Etat, ce qui devait lui procurer un revenu d'au-moins 120,000 francs, au lieu de 28 ou 30,000 francs, au plus, que rapporte le domaine de Chambord, suivant les déclarations des hommes d'affaires de la succession Wagram.

L'aliénation de ce domaine ayant été permise, il résulte que ce beau monument de la puissance royale et de la renaissance des arts en France, ce noble appanage qui fut regardé comme la plus belle récompense que Louis XV put accorder au vainqueur de Fontenoy, un édifice qui survit presque seul à ces ruines déplorables, disséminées sur les campagnes de Choisy, de Sceaux, de Marly, sur les hauteurs de Meudon et de Montmorency, sous les ombrages de Boulogne, allait être exposé aux chances meurtrières dont une acquisition, à titre privé, n'a cessé de frapper ces antiques et vénérables bâtimens. Chambord, avec ses portiques majestueux, ses tourelles élégantes, ses vastes cours, et toute son architecture grandiose, allait sans doute passer, des mains d'une princesse et du prince son fils, dans celles d'un de ces spéculateurs connus sous la dénomination de la *bande noire*, pour être dépécé et devenir la proie des marteaux, lorsqu'à l'époque de l'accouchement de S. A. R. Madame la Duchesse DE BERRI, M. le comte de Calonne fit la proposition d'acheter Chambord et ses dépendances, au moyen d'une souscription volontaire, pour en faire hommage à son héritier naturel S. A. R. Monseigneur le Duc DE BORDEAUX.

Cette idée patriotique, qui fait tant d'honneur à la France, fut accueillie avec enthousiasme par un grand nombre de communes et de particuliers, dont le concours unanime va contribuer à préserver cette ancienne et noble résidence de nos rois, et de nos guerriers, d'une destruction qui paraissait inévitable.

Il devint nécessaire de pourvoir au mode de perception et à l'emploi du montant des souscriptions, ainsi qu'à toutes les opérations relatives à l'achat de Chambord, et aux dépenses à faire pour le mettre dans un état convenable de restauration.

En conséquence, il s'établit à Paris, avec l'agrément de SA MAJESTÉ, une Commission ainsi composée :

Pairs de France.

S. Em. Mgr le cardinal duc de Talleyrand-Périgord, archevêque de Paris ; MM. le maréchal duc de Bellune, major-général de la garde royale ; le maréchal duc de Reggio, major-général de la garde royale, et commandant en chef de la garde nationale de Paris ; le duc de Fitz-James, commandant de la garde nationale de Paris ; le marquis de Talaru, le marquis de la Suze, le marquis d'Herbouville, le marquis de Vibraye, le comte de Sèze, le comte de Latour-Maubourg, le vicomte Dubouchage, le vicomte de Châteaubriant, le vicomte d'Ambray.

Députés des Départemens.

MM. Bellart, Quatremère-de-Quincy, Lebrun (Seine), Lainé (Gironde), Staforello (Bouches-du-Rhône), de Maigneval (Rhône), de Villèle (Haute-Garonne), le comte du Cambout de Coislin (Loire-inférieure), le comte de la Bourdonnaye (Maine et

Loire), le prince de Montmorency (Seine-inférieure),
de Vendel (Moselle), le comte Charles de Béthisy
(Nord), de Cordai (Calvados), Cornet - d'Incourt
(Somme), le comte de Salabéry, Josse de Beauvoir,
et Pardessus (Loir et Cher).

Autres Membres de la Commission.

MM. le baron de Vitrolles, ancien ministre d'Etat ;
le vicomte Tabarié, ancien sous-secrétaire d'Etat ;
l'abbé Frayssinous, prédicateur ordinaire du Roi ;
Amy, président de la cour royale de Paris ; le chevalier
de Frasans, conseiller à la même cour ; Delvincourt,
doyen de la Faculté de Droit de Paris ; Piault, maire
du 10.ᵉ arrondissement de Paris ; le vicomte Pinon,
colonel de la 2.ᵉ légion de la garde nationale de Paris ;
Aclocque de Saint-André, colonel de la 11.ᵉ légion ;
Eugène de Bray, du conseil-général des manufactures ;
Couture, avocat ; Berryer fils, avocat ; César de la
Panouze, banquier ; Sanlot - Baguenot, banquier ;
Trudon, manufacturier ; du Monchan, maréchal-des-
logis du Roi ; le comte de Calonne, fourrier-des-logis
du Roi, *auteur de la proposition* ; le Notaire de la
Commission.

La Commission générale des Souscripteurs de Paris,
a nommé dans son sein une Commission d'exécution,
et a arrêté un réglement approuvé par Son Excellence
le ministre de l'Intérieur ; la Commission d'exécution
a ajouté à ce réglement une instruction pour les Souscripteurs.

L'article 1.er du réglement est conçu eu ces termes :

« Le domaine de Chambord sera acquis pour être
» offert, sous le bon plaisir du Roi, à S. A. R.
» Monseigneur le Duc DE BORDEAUX. »

L'article 2 porte : « Il sera pourvu aux frais de l'ac-
» quisition du domaine de Chambord, au moyen d'une
» Souscription à laquelle les Communes du royaume,
» les Corps, les Corporations et les Particuliers seront
» invités à prendre part ».

Par l'article 9 il est dit : « Il sera formé, dans le sein
» de la Commission générale, une Commission d'exé-
» cution composée de neuf membres.

» Cette Commission sera chargée de surveiller toutes
» les opérations, et de régulariser toutes les mesures
» relatives à la Souscription, dans le royaume et dans
» les colonies ; elle établira des correspondans sur tous
» les points où elle le jugera nécessaire ».

Les noms des membres de la Commission, sortis au
dépouillement du scrutin, sont ceux de MM. le marquis d'Herbouville, pair de France ; le marquis de
Vibraye, pair de France; le comte de Calonne, chevalier de Saint-Louis ; Pardessus, membre de la
Chambre des Députés ; Quatremère-de-Quincy, député, membre de l'académie des inscriptions et belles-
lettres ; Bellart, député, procureur-général de la Cour
royale ; de Frasans, conseiller à la Cour royale; et
Berryer fils, avocat.

Le 5 mars 1821, à une heure après midi, on a
procédé, en l'étude de M.e Rousse, notaire, à l'adjudication définitive du domaine de Chambord, en pré-

sence de M. Éparvier, directeur général des domaines
du département de la Seine, délégué, à cet effet, en
vertu des ordres de Son Excellence le ministre des
Finances.

Le domaine avait été estimé, par les experts, à
1,301,180 fr. 11 cent, et adjugé préparatoirement, le
27 septembre 1820, moyennant 1,300,100 fr.

*La Commission pour l'acquisition de Chambord, à
MM. les Souscripteurs,*

« Messieurs,

» L'adjudication du domaine de Chambord a eu lieu
» le 5 mars, et la Commission d'exécution s'en est
» rendue adjudicataire moyennant 1,542,000 francs,
» indépendamment des frais.
» En prenant cet engagement, la Commission s'est
» persuadée qu'elle accomplirait le vœu manifesté dans
» toutes les parties de la France, pour faire hommage
» à S. A. R. Monseigneur le Duc DE BORDEAUX,
» d'un ancien domaine de ses ancêtres ; domaine au-
» quel se rattachent de si glorieux souvenirs, et qui,
» de même que ces monumens dont la France déplo-
» rera toujours la destruction, allait tomber sous le
» marteau des Vandales.
» Le cahier des charges accorde deux années pour
» le paiement du prix total, divisé en quatre termes,
» à raison d'un quart par termes. La Commission s'est
» imposé le devoir d'y satisfaire ; et, pour se persuader

Tome VIII.   2

» que ses engagemens seront remplis, elle a dû seu-
» lement se rappeler que ses fonctions se réduisent au
» soin d'administrer les offrandes du peuple le plus
» généreux et le plus naturellement attaché à ses rois.
» Elle ne peut oublier que tous les Français s'écrièrent,
» en répondant à une noble provocation : « Oui, le
» Prince auguste, objet de nos regrets éternels, nous
» a légué un royal enfant : HENRI DIEU-DONNÉ est
» destiné par la Providence à réparer nos maux ; nous
» l'avons reçu avec transport, nous voulons le doter,
» afin de prouver à nos amis, comme à nos ennemis,
» que ce jeune Prince, qui doit régner sur nous, n'aura
» que des sujets fidèles, fiers de le servir, empressés
» à le défendre ; c'est sur son berceau que nous lui
» jurons amour et dévouement, et que nous serons
» heureux d'en déposer le gage ».

Signé, le marquis D'HERBOUVILLE, pair de France,

Président ;

Le chevalier DE FRASANS, et BERRYER fils,

Secrétaires.

Nous ne pouvons que faiblement peindre la joie et
les transports d'allégresse que les habitans de Chambord
et de ses environs firent éclater aussitôt qu'ils apprirent
la nouvelle de l'adjudication de ce domaine, devenu la
propriété du Duc DE BORDEAUX. La solitude de ce vaste
bâtiment a retenti des cris de *vive le Roi ! vive le Duc
de Bordeaux !* mille fois répétés par les échos des tours
qui semblaient l'avoir oublié depuis long-temps. Les

bons habitans de Chambord attendent une nouvelle existence de la restauration de cet édifice, qui va redevenir le séjour d'un fils de France. Le soir, il y eut feu de joie sur la place d'armes, et tous les gardes du parc se réunirent pour saluer, par des décharges de mousquetterie, l'auguste et nouveau maître de ces lieux.

DESCRIPTION DU CHATEAU.

De l'extrémité de l'avenue d'où l'on découvre les tours, le donjon, les terrasses et les dômes fleurdelisés du château, on est frappé de la grandeur et de l'aspect imposant de cette habitation royale, dont la composition pittoresque, aussi hardie qu'élégante, laisse à peine concevoir comment on a pu la mettre à exécution.

A l'époque où le maréchal de Saxe occupait ce château, l'entrée principale était hérissée de six pièces de canon, honorables trophées de ses victoires, dont Louis XV lui avait fait présent. Cinquante hommes de son régiment montaient la garde à cette première porte: Les murs de face de son antichambre étaient ornés de seize drapeaux et étendarts couronnés de deux paires de tymbales prises sur les Anglais et les Hollandais.

En entrant dans cette antichambre, l'âme se sentait pénétrée de respect et d'admiration pour le grand homme dont ces glorieux trophées annonçaient la demeure.

Le bâtiment du chateau, qui présente une immense surface, a quatre-vingts toises de largeur sur soixante toises de profondeur. Les quatre angles sont flanqués de quatre grosses tours qui rappellent celles dont on fortifiait anciennement les châteaux gothiques, et dont les pavillons de nos châteaux modernes ont pris la place.

Dans l'enceinte du château règne une vaste cour dans laquelle s'élève un donjon flanqué de quatre grosses tours de soixante pieds de diamètre, et dont la distribution intérieure offre, à chaque étage, quatre grands corps de logis qui sont séparés par quatre salles des gardes, de cinquante pieds de longueur sur trente pieds de largeur, figurant une croix. Ce donjon fait partie de la façade septentrionale du Château, dont les tours symétrisent avec celles du donjon.

Au centre des salles des gardes des quatre étages, règne le grand escalier à double vis, de figure ronde et d'environ trente pieds de diamètre : rien n'égale l'élégance et la hardiesse de structure de cet escalier ; on y remarque deux rampes dont les marches tournent autour du noyau en sens inverse, l'une à droite et l'autre à gauche, et se terminent chacune à un palier particulier ; il résulte que plusieurs personnes peuvent monter, de part et d'autre, et arriver aux salles supérieures sans se voir ni se rencontrer (1). On

______

(1) *C'est,* dit l'auteur de L'ANNUAIRE DE LOIR ET CHER (année 1806), *à Chambord que l'on vit le premier modèle des escaliers à double vis.* Mais il y a erreur de sa part, d'autant plus que l'on sait qu'il existait un escalier de ce genre, mais inférieur au précédent pour la hardiesse de la structure, dans l'église de l'ancien couvent des Bernardins, à Paris, près de la

compte deux cents soixante-quatorze marches pour arriver jusqu'au sommet du donjon, de l'extrémité duquel on voit jusqu'au bas de l'escalier.

Chaque corps de logis contient, à chaque étage, une garde-robe, un cabinet, et deux entresols sur les petites pièces.

Les tours renferment une grande pièce, trois petites et trois entresols; les voûtes des salles des gardes, du second étage, sont ornées de caissons enrichis de la lettre F, et de la Salamandre couronnée, devise de François Ier. Quatre belles terrasses surmontent ces salles; l'aspect d'une multitude de cheminées, de tourelles, et de frontons de croisées richement décorés de sculptures et de découpures à jour, offre le coup d'œil le plus pittoresque et le plus intéressant. C'est à la hauteur de ces terrasses que le couronnement à jour du grand escalier du donjon prend naissance. Ce couronnement, de forme pyramidale, d'environ cent pieds de hauteur, produit l'effet le plus majestueux. Considéré, avec raison, comme l'un des ouvrages les plus beaux et les plus hardis qu'ait produit l'architecture de la renaissance, ce couronnement est composé, dans sa base, de huit arcades accompagnées de colonnes et de pilastres de vingt-quatre pieds de hauteur. Dans les trumeaux des huit arcades, sont pratiquées intérieu-

---

sacristie, et dont la construction datait du milieu du quatorzième siècle. Voyez PIGANIOL DE LA FORCE, *Description historique de Paris,* etc. Tom. V. pag. 334.

rement huit niches d'une forme élégante, qui contri=
buent, par leur disposition, à augmenter la richesse
de la décoration de ce corps d'architecture. La vous-
sure de l'escalier est ornée de caissons. Au-dessus de la
colonnade règne un belvédère dont la terrasse est
bordée d'une riche balustrade. Huit contreforts ou
arcs-boutans, dont les amortissemens sont décorés de
salamandres et de la lettre F, s'élèvent au-dessus des
piédroits des arcades, et contrebutent la partie supé-
rieure de la cage de l'escalier, qui est surmontée d'un
lanternin à jour d'un travail admirable. L'intérieur
de cette cage renferme un autre petit escalier, formant
noyau, qui prend naissance à quinze marches au-dessus
des terrasses.

Quatre escaliers, qui communiquent aux deux étages
pratiqués dans les combles des corps de logis, ont leur
entrée sur ces terrasses.

Chacune des tours du donjon renferme aussi un
escalier à vis, de neuf pieds de diamètre, qui monte
de fond en comble jusqu'au neuvième étage, y compris les entresols.

Deux galeries, qui communiquent aux ailes, contiennent, dans chaque angle de la cour, un superbe
escalier à vis, travaillé à jour et surmonté d'une cam-
panille. Ces ailes avancent de dix-huit toises dans la
cour. Elles contiennent trois étages comme le donjon.
Dans la tour de l'aile droite, est pratiquée la grande
chapelle du château. L'intérieur de cette chapelle est
décoré de trente-deux colonnes accouplées, portant
neuf arcs-doubleaux qui servent à soutenir la voûte.

Les chapiteaux des colonnes sont décorés alternativement de la lettre F et de la salamandre. Les murs de face sont décorés de croisées feintes, accompagnées de pilastres dont les chapiteaux offrent un croissant couronné, emblême de Diane de Poitiers, maîtresse de Henri II. Cette chapelle, d'une noble simplicité, est dans un état de conservation assez satisfaisant. Les sculptures, les bas-reliefs et les chapiteaux des pilastres semblent sortir de la main de l'artiste; mais l'autel et les tableaux ont été enlevés; rien n'y indique un lieu de prières.

La tour située à l'est du château, appelée la *Tour d'Orléans*, attenante à la galerie, présente un petit avant-corps dont le rez-de-chaussée renferme un escalier non fini. Au premier étage de cette tour, est la *chapelle* dite *de la Reine;* c'était l'oratoire de la reine de Pologne, femme de Stanislas; cette chapelle paroît avoir fait partie des appartemens de Catherine de Médicis, épouse d'Henri II. La voûte, construite en berceau, est décorée de caissons enrichis des emblêmes de François I.er, la salamandre couronnée et l'F enlacée dans des lacs. On retrouve ces emblêmes partout sous des formes extrêmement variées, dans les tympans, les corniches, et jusque dans les moindres accessoires de l'architecture du château.

Dans l'une des tours, du côté de l'ouest, il existe une horloge.

Au centre du château, du côté méridional, est la *Porte royale*, dont l'architecture simple est décorée presque de même que celle du côté de la cour.

La partie de l'est du château n'a jamais été achevée et ne contient que les murs.

Pour se faire une idée générale de l'ensemble des distributions du château, il faut dire qu'il est desservi par treize magnifiques escaliers, régnant de fond en comble, renfermés dans des tourelles en spirale, et communiquant, à chacune des pièces du château, par de superbes galeries. Le nombre des pièces que renferme le château s'élève à quatre cent quarante, et fait juger de sa vaste étendue.

La décoration générale de ce monument consiste en pilastres, distans l'un de l'autre de quinze pieds, portant entablement et piedestaux ornés de tablettes en pierre noire, par incrustation, taillées en rond et en losange, présentant de toutes parts de tres-beaux compartimens (1).

Ce superbe château est construit en belle pierre blanche et couvert en ardoise et en plomb. Il est environné d'un large fossé fourni d'eau par la rivière du Cosson. Le parterre et les jardins qui l'entourent sont fermés, au nord et à l'est, par un mur à terrasse baigné par la même rivière. Les bâtimens dits *des Casernes*, situés sur la place d'armes, à côté du château, se composent de l'enceinte de trois grandes cours. La partie du nord a été réparée à neuf, elle contient les écuries où

_____

(1) LE ROUGE. *Description du château de Chambord, en 14 planches, 1751, in-folio. Notice sur l'origine et la composition du domaine de Chambord, etc., 1820.*

l'on peut loger 1,200 chevaux à l'aise; les autres parties sont en mauvais état; ces bâtimens sont construits
partie en pierre de taille, partie en colombage, et
couverts en ardoises.

La place d'armes située devant le château, du côté
du midi, est plantée d'une allée circulaire en tilleuls.

Le parc, entièrement clos de murs, renferme un
village, vingt-trois fermes et quatorze étangs, il contient huit lieues de tour, et 5,400 hectares de superficie;
il est traversé dans toute son étendue, de l'est à l'ouest,
par la rivière du Cosson, aussi abondante en poisson,
que le parc l'est en toute sorte de gibier. Mais il semble
n'avoir été fait que pour la chasse, on n'y trouve
aucune partie d'agrément, pas un bosquet, point
d'allées, rien enfin qui ressemble à des jardins ou à
des parterres. Des taillis, des bruyères, des bois, des
prairies, des étangs et des marais. Douze ou quinze
fermiers y vivent en famille, et jouissent, au prix le
plus modique, du produit de quelques terres dévastées
pendant toute l'année, par le gibier de toute espèce qui
pullule dans le parc, où l'on trouve, par troupeaux,
des chevreuils, des cerfs et des sangliers. Le parc est
fermé par six portes, à chacune desquelles il existe un
pavillon servant de logement aux gardes.

Le maréchal Berthier, prince de Wagram, dont
l'intention était de rendre à cette magnifique résidence
toute son ancienne splendeur, y avait, dit-on, déjà
dépensé, lors de son décès arrivé en 1815, plus de
600,000 francs, tant en réparations faites aux bâtimens
et aux murs de clôture du parc, qu'en percemens et

plantations de routes; plusieurs des routes qui le tra-
versent ont une lieue et demie et deux lieues de longueur.

Mais cette somme de 600,000 francs était bien loin
de suffire aux nombreuses réparations qu'exige l'état
de nudité et de délabrement dans lequel se trouve ac-
tuellement cet ancien domaine royal. Trente années
d'abandon ont bien changé la physionomie de ce château. Chambord, qui a coûté plus de cent millions à
François I.ᵉʳ, Henri II et Louis XIV, offre aujourd'hui
un contraste affligeant de majesté et de ruines, de
splendeur et de misère.

Le vandalisme révolutionnaire a non-seulement fait
disparaître les insignes de la royauté, mais il a arraché
par lambeaux tout ce que les arts, puissamment en-
couragés par la munificence de nos rois, y avaient
successivement produits pour embellir cette superbe
demeure. C'est en entrant dans l'intérieur de ce château que l'on s'aperçoit plus sensiblement des ravages
qu'il y a commis; l'aspect en est pénible. Les combles
ruinés laissent infiltrer l'eau dans toutes les parties de
l'édifice; les terrasses, crevassées de toutes parts, ont
donné lieu à la destruction des voûtes et des planchers;
les parquets sont brisés par la chute des solives de la
charpente, et les portes et les croisées sans panneaux,
sans volets et sans vitres, laissent les appartemens
exposés à toute l'intempérie des saisons.

Le mobilier, qui était d'une richesse extraordinaire,
a totalement disparu, il n'en reste plus de vestiges; il
a été vendu à l'encan pendant la tourmente révolu-

tionnaire ; les superbes chambranles des cheminées n'ont pas même échappé à la rapacité des Vandales. Les riches tapisseries d'Arras et des Gobelins, qui décoraient les appartemens de François I.er, ont été brûlées pour en retirer les parcelles d'or et d'argent que renfermait leur tissu ; et les beaux meubles que le maréchal de Saxe y avait fait mettre à grand frais, ont eu le même sort ; il ne reste de sa chambre à coucher que les débris de la galerie qui entourait l'estrade de son lit.

La salle de spectacle, placée au-dessus des appartemens du maréchal, dans une des grandes salles du donjon, n'existe plus ; c'est au milieu des décombres qu'il faut chercher les souvenirs de Louis XIV, de sa brillante cour, et du *Bourgeois gentilhomme.*

On chercherait vainement aujourd'hui, dans le cabinet près de la chapelle, la vitre sur laquelle François I.er traça avec son diamant, sans doute dans un moment de jalousie et de dépit :

> Souvent femme varie,
> Mal habil qui s'y fie (1).

---

(1) François I.er étant un jour à Chambord, près d'une croisée du château, avec Marguerite de Valois, sa sœur, qu'il appelait sa *mignone*, cette princesse se plut à rappeler au roi certaine anecdote amoureuse, où il fut très-inconstant ; et, comme elle le plaisantait et lui en faisait des reproches, il traça vivement, avec le diamant qu'il portait à son doigt, le distique que nous avons rapporté ci-dessus.

M. *Richard*, l'un de nos peintres les plus distingués, a traité

Les belles casernes de cavalerie que le maréchal de Saxe avait fait construire, aux dépens de Louis XV, dans le parc, à peu de distance du château, tombent en ruines; les bestiaux des fermes des environs broutent l'herbe qui croît sur cette place d'armes, où le vainqueur de Fontenoy se plaisait à faire manœuvrer, chaque jour son régiment, composé de dragons et de hullans, et venait distraire les souffrances des dernières années de sa vie, par le bruit des armes, et le son de la trompette militaire.

Le prince de Wagram, qui en a joui pendant six ans, n'y est venu que pour quelques parties de chasse, et n'a couché qu'une seule fois au château, dans une chambre où son architecte avait fait placer un lit et quelques chaises, la seule qui fût habitable. Nous avons déjà dit que ce prince avait dépensé 600,000 fr. à Chambord; on a peine à se rendre compte en quoi a consisté l'emploi de cette somme. Il résulte 1.º qu'il a fait planter une allée de peupliers et d'ormeaux, depuis le pavillon des Muides, à l'entrée du parc, jusqu'au château; 2.º que le maréchal a fait faire le regratage des quatre salles des gardes, du rez-de-chaussée, où l'écusson de ses armes, substitué à celui de François 1.ᵉʳ, décore aujourd'hui les cheminées.

Tel est, à-peu-près, l'état dans lequel se trouve

---

ce sujet avec une délicatesse charmante et une grâce naïve, qui rappellent les belles productions du seizième siècle. M. *Desnoyers* a reproduit, par la gravure, cette intéressante composition, avec tout l'esprit et le charme de l'original.

le château de Chambord. On évalue qu'un million le rendrait digne d'être offert au duc de Bordeaux, non en ameublemens ni en embellissemens, mais en réparations de charpente, de maçonnerie, et de lambris en menuiserie, qui sont d'une nécessité indispensable.

Enfin, grâces au vœu qui a été exprimé de tous les points de la France, Chambord va sortir de l'espèce d'abandon dans lequel il avait été injustement relégué, pendant une longue suite d'années. Le séjour d'un fils de France dans ce pays, le fera sortir de sa léthargie, et redonnera à ses habitans une nouvelle existence.

Dans son état actuel, ce n'est qu'une vaste solitude, que l'on ne peut visiter sans être profondément affligé, en comparant sa splendeur passée avec sa situation présente de ruine et de détresse. L'herbe pousse dans les cours; la mousse et le lichen tapissent les terrasses et les murs; un morne silence règne dans ses vastes appartemens, et n'est troublé que par les cris de quelques oiseaux nocturnes, qui fuient à l'approche des voyageurs que la curiosité y amène de temps à autre.

Mais, si quelque chose peut compenser la douleur qu'on éprouve à l'aspect de tant de dévastations, c'est que, de toutes parts, les offrandes d'un peuple généreux et sensible, vont concourir à rendre ce palais a l'héritier du trône, aux arts et à l'admiration des siècles futurs, auxquels il offrira un exemple éclatant de la munificence de François I.er, et un témoignage sincère de l'amour et de l'attachement des français pour leurs souverains.

Indépendamment du château de Chambord, que

nous venons de décrire, beaucoup d'autres édifices
considérables et remarquables à la fois par leur magni-
ficence et par l'agrément de leur position attestent,
dans tous les points de ce département, la faveur dont
il a joui, à diverses époques, auprès des grands, de la
cour et des riches propriétaires qui sont venus, comme
à l'envi, y verser leurs trésors. On y compte plus de
vingt châteaux ou maisons de plaisance, dont quelques-
uns ne le cèdent point aux édifices de ce genre les plus
étendus et les plus somptueux. Tels sont les châteaux
de *Ménars*, à quatre lieues de Blois, bâti par les ordres
de madame de Pompadour; celui de *Cheverny*, élevé
par le chancelier de ce nom; celui de *Chaumont* sur
Loire, dans la position la plus admirable, et où Catherine de Médicis, entourée de ses sorciers et de ses
astrologues, s'occupait de divinations et d'enchante-
mens; celui de *Mestay*, où Henri IV s'établit quand il
assiégea Vendôme. Beaucoup d'autres, après ces der-
niers, méritent également d'être distingués. Tels sont
les châteaux d'*Ouzain*, de *Conan*, de *Saint-Aignan*, de
la *Ferté Imbault*, et de *Talci*, dans la commune de ce
nom; celui du *Fresne*, à Authon; celui de *Fréchine*,
à Villefrancœur, qu'a possédé long-temps le célèbre
et infortuné Lavoisier, et où il a fait ses principales
expériences; celui de *Lierville*, à Verdes; et autres,
qui présentent plus ou moins d'intérêt.